AF330543

LES
MARTYRS D'ARCUEIL

DÉTAILS AUTHENTIQUES
SUR LEUR VIE, LEUR EMPRISONNEMENT ET LEUR MORT
(19-25 mai 1871)

RECUEILLIS

Par le R. P. Laur. LÉCUYER

VICAIRE GÉNÉRAL DES DOMINICAINS DU TIERS-ORDRE-ENSEIGNANT

Mentem sanctam, spontaneam,
honorem Deo, et Patriæ liberationem.
Épitaphe de sainte AGATHE,
Vierge et Martyre.

DEUXIÈME ÉDITION
CONSIDÉRABLEMENT AUGMENTÉE

PARIS

VICTOR PALMÉ, LIBRAIRE-ÉDITEUR
RUE DE GRENELLE-SAINT-GERMAIN, 25.

1871

LES MARTYRS D'ARCUEIL

SE VEND

AU PROFIT DES ŒUVRES CHARITABLES

Commencées par le R. P. Captier.

PARIS. — IMP. VICTOR GOUPY, RUE GARANCIÈRE, 5.

LES
MARTYRS D'ARCUEIL

DÉTAILS AUTHENTIQUES
SUR LEUR VIE, LEUR EMPRISONNEMENT ET LEUR MORT
(19-25 mai 1871)

RECUEILLIS

Par le R. P. Laur. LÉCUYER

VICAIRE GÉNÉRAL DES DOMINICAINS DU TIERS-ORDRE-ENSEIGNANT

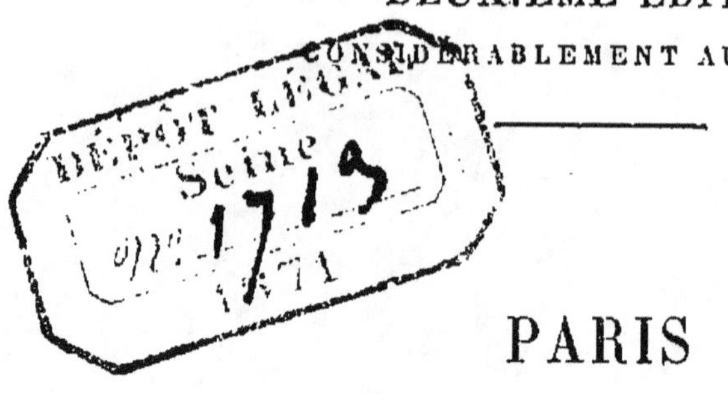

Mentem sanctam, spontaneam,
honorem Deo, et Patriæ liberationem.
Épitaphe de sainte AGATHE,
Vierge et Martyre.

DEUXIÈME ÉDITION
CONSIDÉRABLEMENT AUGMENTÉE

PARIS

VICTOR PALMÉ, LIBRAIRE-ÉDITEUR
RUE DE GRENELLE-SAINT-GERMAIN, 25.

—

1871

Nous soussignés, chargés d'examiner l'opuscule intitulé : *les Martyrs d'Arcueil*, par le T. R. P. Laur. Lécuyer, déclarons n'y avoir rien trouvé qui ne soit conforme à la vérité des faits et à l'enseignement de l'Église.

Arcueil, le 17 juin 1871.

Fr. Albert HOULÈS,
Assistant du T.-O. Enseignant de Saint-Dominique.

Fr. Dom. BAUDRAND,
Prêtre du T.-O. Enseignant.

AU LECTEUR

Les pages qui suivent, écrites à la hâte pour conserver dans les archives du Tiers-Ordre-Enseignant de Saint-Dominique la mémoire vénérée des martyrs d'Arcueil, ne sont pas destinées au public curieux et frivole qui recherche les livres nouveaux. Nous les adressons seulement aux parents de nos martyrs, aux élèves de nos écoles, aux membres et aux amis de la famille dominicaine, et à tous ceux qui se préoccupent en France de la

religion, de la vérité et de la liberté chré-
tiennes.

Nous leur demandons en retour un
souvenir devant Dieu pour la maison
d'Arcueil et pour les Dominicains du
Tiers-Ordre-Enseignant. Car, en ces
jours mêlés de tristesses et de gloires, les
vivants, malgré toutes leurs espérances,
sont plus à plaindre que les morts.

Arcueil, 17 juin 1871.

LES

MARTYRS D'ARCUEIL

Mentem sanctam, spontaneam, honorem Deo, et Patriæ liberationem.

1

FONDATION DE L'ÉCOLE D'ARCUEIL. — QUELQUES DÉTAILS SUR LES HOMMES ET LEURS ŒUVRES.

Au printemps de 1863, dix-huit mois après la mort du P. Lacordaire, quelques Religieux dominicains du Tiers-Ordre-Enseignant, ayant à leur tête le R. P. CAPTIER, furent envoyés pour établir dans l'ancienne maison de Berthollet un collége sous le nom du Bienheureux Albert le Grand.

Né à Tarare (Rhône), d'une des familles les plus honorables de la ville, le P. Captier (1) avait trouvé autour même de son berceau les maîtres les plus capables de préparer la vie et la mort que Dieu lui avait réservées. Son père était un homme grave, ferme et juste, un vrai magistrat chrétien ; il avait pour épouse et pour fille deux femmes éminentes par l'intelligence et la piété, qui furent pour le P. Captier non-seulement les bons anges de la famille, mais encore des initiatrices sans le savoir dans l'art si profond et si délicat de l'éducation.

En sortant de leurs mains, Eugène Captier fut envoyé au collége d'Oullins, où

(1) Il reçut au baptême les noms de *François-Eugène,* et plus tard en religion ceux de *Louis-Raphaël.*

se trouvait déjà son frère aîné, aujourd'hui prêtre de Saint-Sulpice. Cette maison était alors dirigée par M. l'abbé Dauphin (1), dont l'âme élevée et capable des plus généreuses initiatives avait entrepris de résoudre le problème d'une éducation vraiment appropriée aux besoins des temps nouveaux. Le maître et le disciple se comprirent bientôt l'un l'autre, et il se forma dès lors entre le prêtre et l'enfant une de ces amitiés que le temps respecte et que l'épreuve fortifie. Il en fut de même pour les autres maîtres et pour les élèves de la maison : les plus pieux, les plus grands par les aspirations de leur âme devinrent alors et demeurèrent toujours les meilleurs amis du jeune Captier.

Au sortir d'Oullins, nous le retrouvons

(1) M. l'abbé Dauphin est maintenant chanoine de Saint-Denis.

inquiet de l'avenir, et portant en son cœur une vocation religieuse encore mal définie. Il passe quelque temps à Paris au séminaire de Saint-Sulpice, puis il revient à son cher collége, tourmenté par ce besoin de travailler pour les enfants qui fut la grande nécessité de sa vie. Comme apprentissage, il accepte une fonction bien humble à l'*Externat de l'Enfance* fondé à Lyon par M. l'abbé Dauphin. Mais déjà un sentiment nouveau et complexe, mêlé de reconnaissance pour ses anciens maîtres et d'aspirations ardentes vers une action plus large et plus libre, occupait les rêves de son esprit et les pensées intimes de son cœur. Il avait vingt ans, et il projetait une grande œuvre, quelque chose comme la rénovation chrétienne de l'enseignement dans tout notre pays. Dieu voulut qu'en ce même

temps une inspiration semblable s'empa-
rât de plusieurs âmes amies de la sienne;
il en résulta l'idée première du Tiers-
Ordre-Enseignant de Saint-Dominique,
conçue par des maîtres et des élèves
d'Oullins (1) pour perpétuer et propager,
s'il était possible, l'œuvre qui avait formé,
consolé et encouragé leur jeunesse.

Au lieu d'essayer la fondation d'un
Ordre nouveau, ils pensèrent tout d'abord
à s'abriter dans le sein d'une famille religieuse déjà consacrée par le temps; et
poussés par une invincible sympathie,
ils se rallièrent à l'Ordre de Saint-Dominique, dont le P. Lacordaire poursuivait
alors en France la glorieuse restauration.
Comme leur dessein de se vouer par dessus tout à l'enseignement et à l'éducation
de la jeunesse était incompatible avec les

(1) MM. Mermet, Cédoz, Mouton et Captier.

austérités qui rendent si admirable et si difficile en même temps la règle des Frères-Prêcheurs, il fut convenu qu'on adapterait à leur vie les observances du Tiers-Ordre, vénérables comme celles du premier Ordre par leur origine et leur antiquité, mais plus faciles à combiner avec les nécessités modernes de l'enseignement public (1). En même temps le

(1) La règle du Tiers-Ordre est en effet beaucoup plus simple que celle des Frères-Prêcheurs, et correspond assez bien aux usages des communautés fondées depuis le Concile de Trente. Elle impose comme exercices religieux l'office canonial récité en particulier, une oraison de trois quarts d'heure, la sainte Messe, une visite au saint Sacrement, une lecture spirituelle, et, chaque soir, le chant du *Salve Regina.*

Les austérités corporelles, si difficiles à concilier avec les travaux assidus de l'enseignement, se bornent, comme obligation, au jeûne de l'Avent et du vendredi de chaque semaine.

L'habit de l'Ordre consiste en une tunique de laine

P. Lacordaire faisait connaissance à sa manière avec les nouveaux enfants que Dieu lui avait envoyés, c'est-à-dire qu'il sondait d'une main aussi vigoureuse que délicate la profondeur de leur âme et la solidité de leur vocation.

Le 10 octobre 1852, le P. Lacordaire, avec l'autorisation du Révérendissime P. Jandel, général de l'Ordre de Saint-Dominique, ouvrit le premier noviciat du

blanche, que l'on porte constamment. Dans l'église et dans les sorties on y ajoute une chape ou manteau de couleur noire.

Au chapitre général de l'Ordre des Frères-Prêcheurs, tenu à Rome en 1868, le Tiers-Ordre enseignant a été reconnu solennellement comme une branche légitime de la famille dominicaine, vraiment issue de son glorieux patriarche et du P. Lacordaire son digne fils. En 1869, la S. Congrégation des Rites lui a reconnu le droit d'user de la liturgie particulière de l'Ordre, et depuis lors d'autres faveurs précieuses lui ont été accordées par le Saint-Siége.

Tiers-Ordre-Enseignant. Il voulut que deux monuments consacrassent cette date mémorable : une croix et un nom. La croix fut posée sur un rocher entouré de grands arbres, dans l'enceinte du couvent de Flavigny ; le nom, emprunté au saint archange Raphaël dont on célèbre la fête ce jour-là, fut donné au P. Captier, celui des quatre fondateurs qui était le plus jeune et, semblait-il, le mieux prédestiné.

Après un an d'un noviciat laborieux et austère, auquel le P. Lacordaire voulut présider lui-même jusqu'au dernier jour, les Dominicains-Enseignants prirent possession de l'École d'Oullins et prononcèrent leurs vœux. Le P. Captier reçut en partage les fonctions de procureur et de professeur de philosophie. Mais en réalité toutes les charges de la vie enseignante étaient bonnes pour celui qui s'était donné aux enfants jusqu'à la mort et par delà (1). Il devint successivement professeur, surveillant, suppléant, et tout ce qu'on peut être dans un collége quand on n'a d'autre souci que le bien commun.

Pendant ce temps, le P. Lacordaire, non content d'avoir prêté à la fondation du Tiers-Ordre-Enseignant le prestige de son nom, lui donnait les dernières années de sa glorieuse carrière, et recom-

(1) La donation que le P. Captier avait faite de lui-même en entrant dans la vie religieuse était en effet sans mesure et sans retour. En 1869, à l'époque où sa participation très-remarquable aux travaux de la *Commission de l'enseignement supérieur* attirait l'attention du public, quelques-uns le soupçonnèrent d'être ambitieux et de viser à l'épiscopat. Je lui parlais un soir de ces racontages, lorsqu'il m'interrompit brusquement : « Mon père, me dit-il, je me suis fait « religieux pour servir les enfants, et je n'ai jamais « désiré autre chose que de mourir à leur service. »

mençait à Sorèze, avec un éclat digne de son génie, ces fonctions d'instituteur de la jeunesse qu'il avait essayées autrefois à Paris quand il était *maître d'école*, avec M. de Montalembert pour associé. Au commencement de 1856, il appela près de lui le P. Captier, le fit ordonner prêtre, et lui confia la double charge de maître des novices et de censeur de l'École. Aux vacances de 1857, il le renvoya à Oullins en qualité de Prieur.

Le P. Captier avait vingt-huit ans quand il rentra comme supérieur dans la maison où s'étaient passées son enfance et sa jeunesse. Il y retrouvait, avec mille souvenirs aimés, bien des hommes qui avaient été autrefois ses condisciples ou ses professeurs. Mais son autorité de prieur n'en souffrit pas un seul instant. Il avait conquis tout d'abord, par l'élévation

de ses pensées et l'énergie de son caractère, un tel ascendant sur les maîtres et
les élèves, qu'il lui suffisait de désirer
une chose pour être immédiatement obéi.
Alors commença pour la maison d'Oullins
une période de prospérité toujours crois-
sante ; alors aussi le P. Captier révéla les
trésors dont son cœur était rempli. Jusque-là on ne connaissait de lui que les
qualités viriles et austères qui font le religieux modèle et le rude chrétien ; bientôt on découvrit qu'il possédait aussi les
inépuisables tendresses de la paternité
spirituelle et tous les talents d'un éducateur vraiment digne de ce nom. Son acti-
vité renouvelait tout, son intelligence
suffisait à tout, son cœur animait tout
d'un souffle ardemment et vigoureuse-
ment religieux. Après le P. Lacordaire,
qui fut son maître dans l'art difficile de

s'emparer des jeunes âmes au nom de Jésus-Christ, nul ne parvint au même de-
gré à les toucher jusqu'en leurs profon-
deurs les plus secrètes et à les préparer
pour les combats de l'avenir. Plus tard,
quand on aura pu recueillir le témoignage de ceux qui s'honorent d'avoir été
les fils spirituels du P. Captier, on écrira
à sa louange un de ces livres qui parlent
aux âmes comme une révélation d'en
haut.

Cette période dura six années, pendant
lesquelles le P. Captier ne quitta Oullins
que pour aller porter au P. Lacordaire mourant les dernières consolations qu'il pou-
vait recevoir sur la terre, et pour aider ses
frères, que la mort de leur chef rendait
plus qu'orphelins, à supporter sans fléchir
le poids des épreuves douloureuses qui la
suivirent de près. Sans en être abattu, lui-

même en souffrit cruellement : sa santé, toujours faible jusque-là, subit une altération visible, et, en 1863, à la fin de l'hiver, il dut résigner sa charge pour prendre un peu de ce repos nécessaire dont il s'était privé depuis dix ans.

Le repos du P. Captier fut aussi fécond en œuvres que l'avait été son travail. Retiré dans la solitude de Chalais où il avait arrêté jadis les grandes lignes de sa vocation et de sa vie religieuse, il évangélisait Voreppe qui a pieusement gardé son souvenir ; il repassait aussi et jugeait tour à tour les années de sa vie enseignante et les leçons d'une expérience déjà pleine de lumières et de fruits. Au bout de quelques mois, il se sentit comme renouvelé dans ses forces et plus en possession de lui-même que jamais, et il se déclara prêt à retourner au combat.

Le combat, car tel est le vrai mot dont
il faut se servir, c'était la fondation d'une
grande école près de Paris. Tout d'abord,
ce projet parut facile à réaliser : de nom-
breuses familles en désiraient l'accomplis-
sement, et la maison de Berthollet, à Arcueil, qui fut choisie pour recevoir le
nouveau collége, ressemblait, en ce printemps de 1863, à un nid d'oiseaux cons-
truit parmi les fleurs pour une famille
nouvelle. Mais il fallait compter avec les
difficultés administratives. Au nom de la
loi de 1850, les Dominicains enseignants
se présentaient, leurs diplômes en main,
pour fonder un nouveau collége. Au nom
de l'omnipotence impériale, M. Rouland,
alors ministre de l'instruction publique et
des cultes, renvoyait les pièces déposées
en déclarant, comme aux jours du bon
plaisir, que la chose lui semblait inop-

portune. M. Duruy, son successeur, consentait à admettre les nouveaux venus, mais seulement *comme professeurs,* et en vertu de la loi de 1850, laissant le reste de la question à M. Boudet, ministre de l'intérieur, qui les proscrivait *comme religieux* au nom des lois révolutionnaires et leur envoyait chaque semaine un commissaire de police dont les manières étaient fort gracieuses, mais dont la mission consistait à les jeter dehors. Hélas! ne verrons-nous pas finir ces persécutions insensées? Reconnaîtra-t-on enfin des citoyens dans ces Français, qui vivent, qui travaillent et qui meurent pour leur patrie, et leur laissera-t-on un jour le droit de faire en paix le bien qu'ils poursuivent avec un labeur si persévérant? Il y a encore, dit-on, des lois qui ne sont pas abrogées et qui s'y opposent. Mais la mémoire bénie du P. Lacordaire, mais le sang de ses fils et de tant d'autres prêtres martyrs de la religion, de la charité et de la liberté, ne feront-ils pas comprendre à la France de quel côté sont ses vrais serviteurs?

Pour conserver l'école naissante, malgré la persécution dont ils étaient l'objet, le P. Captier et ses compagnons durent quitter leur habit religieux pendant près de deux années. Il est impossible de dire ce que le P. Captier déploya de patience, d'habileté et d'énergie dans ces circonstances difficiles, rendues plus difficiles encore par les embarras matériels qui accompagnent toujours une grande fondation. Mais il se consolait par le contact de sa famille spirituelle. Dans les premiers temps, c'était un troupeau bien humble et bien petit, une douzaine d'enfants, la plupart venus d'Oullins à la suite de leur maître bien-aimé. Peu à peu le nombre s'accrut, la confiance vint, puis la renommée, non pas celle qui recherche la publicité éclatante, mais celle qui s'en va, modeste et convaincue, chercher de foyer en foyer des suffrages et des succès pour celui qu'elle a bien voulu choisir. A mesure que grandissait la maison d'Arcueil, on sentait que le P. Captier grandissait avec elle, et le dernier venu, à l'époque où elle compta jusqu'à trois cents élèves, tenait en son cœur autant de place que l'un de ces douze qui portent le titre d'élèves-fondateurs de l'École Albert-le-Grand. Sa parole aussi devenait plus puissante et plus magistrale : on le considérait, on le recherchait davantage dans le monde qui vit par l'intelligence et qui se préoccupe de l'avenir. Ceux qui, dans leur jeunesse, avaient été les amis du

P. Lacordaire, devinrent pour le P. Captier autant de soutiens et de protecteurs.
Il se trouva naturellement désigné pour
reprendre et continuer avec eux l'œuvre
de liberté chrétienne commencée en 1831.
C'est ainsi que nous le trouvons en 1868,
parmi les fondateurs et les collaborateurs
les plus zélés de la *Société générale d'éducation et d'enseignement*. Plus tard, quand
l'Empire essaya d'entrer dans une sorte
de mouvement libéral, et voulut porter la
lumière dans les questions relatives à
l'enseignement supérieur, le P. Captier
fut choisi pour représenter les colléges
libres dans la commission formée à cet
effet.

Mais ces préoccupations, bien que no-
bles et saintes, ne suffisaient pas à remplir une si grande âme. Par dessus tout,
il s'inquiétait des choses religieuses, et,

parmi les choses religieuses, il poursuivait surtout l'affermissement et la sanctification du Tiers-Ordre-Enseignant, cette famille de son cœur fondée au milieu de tant d'épreuves. Désigné par le choix unanime de ses frères pour remplir la seconde dignité de son Ordre, celle de premier assistant, puis confirmé par un autre vote unanime dans ses fonctions de prieur d'Arcueil, il fut chargé également de représenter sa famille religieuse au chapitre général de Rome, qui fut tenu en 1868, et où le Tiers-Ordre-Enseignant fut définitivement incorporé à l'ordre des Frères Prêcheurs (1).

Comme signe de la fraternité qui subsiste entre les deux branches de la famille dominicaine, l'Ecole d'Arcueil s'as-

(1) On a du R. P. Captier, outre des manuscrits nombreux et des lettres précieuses qui ne seront pas,

sura, dès l'année 1864, le concours du R. P. Thomas BOURARD. C'était un des religieux les plus anciens et les plus distingués de son Ordre. Il était reçu avocat quand, en 1841, il entra dans la famille de Saint-Dominique avec les premiers compagnons du P. Lacordaire. Obligé par un

nous l'espérons, perdues pour ses amis, une série de discours dont voici les titres :

Des sciences positives (Oullins, 1858).

De l'école libre et *de ses rapports avec les familles* (Oullins, 1860).

Le collége chrétien devant la société moderne (Arcueil, 1864).

Quelques pensées sur l'éducation nationale (Arcueil, 1865).

Matérialisme et spiritualisme (Arcueil, 1867).

De la haute éducation et de l'esprit de famille (Arcueil, 1868 et 1869).

La réforme sociale par l'enseignement (Société générale d'éducation et d'enseignement, 1868).

Discours sur la liberté de l'enseignement supérieur (avril 1870), publié par la même Société.

motif de santé de suspendre son noviciat commencé à la Quercia, près Viterbe, il le reprit l'année suivante sous les cloîtres de Bosco illustrés par le souvenir de saint Pie V. A la suite du rénovateur de l'Ordre de Saint-Dominique, il revint bientôt en France et commença le cours de ses prédications, quelquefois interrompu par les fonctions de l'enseignement théologique. Ceux qui l'ont entendu dans la chaire évangélique ont gardé le souvenir de sa parole toujours pleine de doctrine et relevée souvent par de spirituelles saillies. Comme professeur, il était catholique avant tout et profondément dévoué aux enseignements du Siége de Pierre, puis thomiste scrupuleux, à ce point que sa fidélité minutieuse envers les leçons du docteur angélique était passée en proverbe dans son Ordre.

Envoyé en Corse vers 1857, il y avait bâti le couvent de Corbara. Dans l'Ecole d'Arcueil, il portait le titre et exerçait les fonctions d'aumônier. C'était pour tous un consolateur et un père sur les lèvres duquel on ne trouva jamais que des paroles empreintes d'une charité véritable et d'une charmante gaîté. Il fut l'ami de l'abbé Deguerry, comme lui victime de la Commune, et du vénérable abbé Desgenettes, curé de Notre-Dame-des-Victoires, qui disait pour le désigner : « Ce petit Père qui a été avocat et qui rit toujours. »

Le P. Bourard avait cinquante-deux ans. Beaucoup plus jeune était le P. Henri COTRAULT, Procureur de l'Ecole d'Arcueil. Né à Saint-Amand (Cher), il avait fait ses premières études au Petit-Séminaire de Bourges, où il eut pour maîtres les Dominicains enseignants. Il entra dans leur Ordre aussitôt qu'il lui fut donné de reconnaître la volonté de Dieu, et ne cessa, dès le premier jour, de progresser en science, en piété et en dévouement à l'œuvre commune. Surveillant d'abord, puis professeur, il sut gagner le cœur de ses élèves : rien n'est touchant comme le souvenir qu'ils lui ont conservé. Plus tard, lorsqu'on vit se développer en lui d'une manière inattendue ces qualités de prudence et de sagesse pratique qui furent le caractère dominant de sa vie, on lui confia la difficile mission d'administrer le temporel d'Arcueil. Avec lui nous devons encore nommer le R. P. Constant DELHORME, l'un des religieux les plus anciens et les plus méritants du Tiers-Ordre-Enseignant de Saint-Dominique. Il était à Lyon en 1832, et poursuivait le cours de ses études ecclésiastiques quand il s'attacha à l'œuvre récemment fondée par le P. Lacordaire qu'il suivit à Sorèze en 1854. Le P. Delhorme, esprit exact et cultivé, avait de grandes qualités comme professeur, et de plus grandes encore comme éducateur de la jeunesse. Les élèves qu'il a connus lui ont gardé une tendre affection qui maintenant devient un vrai culte. Absent d'Arcueil pendant le premier siége, il revint dès les premières lueurs de paix, reprendre ses fonctions de régent des études.

Le Frère Pie-Marie CHATAGNERET, venu comme lui de Saint-Brieuc où ils s'étaient réfugiés ensemble, était entré dans l'Ordre depuis peu d'années et n'avait pas encore dépassé les honneurs modestes du sous-diaconat : il cachait sous des formes quelquefois un peu brusques un caractère plein de noblesse et de générosité. Aux religieux que nous venons de nommer se joignaient le R. P. Rousselin, censeur de l'Ecole, M. l'abbé Grancolas, professeur distingué de philosophie et d'histoire, MM. Bertrand, Rézillot, Voland, Barbedette, Gauquelin, Petit, Gauvain, maîtres auxiliaires, dont le dévouement avait survécu à toutes les épreuves ; une douzaine d'élèves, cinq sœurs de Sainte-Marthe, attachées à l'Ecole, et quelques domestiques demeurés fidèles jusqu'au bout : tel était en avril 1871 le personnel de l'Ecole Albert-le-Grand.

Déjà la guerre étrangère avait coûté à l'école d'énormes sacrifices. Car une fois les hostilités commencées, la première pensée de tous, dans cette maison aussi ardemment française que profondément chrétienne, avait été de s'associer, dans la dernière mesure du possible, aux efforts du pays luttant contre l'étranger. Les élèves offrirent une somme considérable pour les victimes futures de la guerre. Les religieux donnèrent leur personne. Trois d'entre eux partirent pour l'armée (1), et passèrent l'hiver sur le champ de bataille, tandis que tous les autres se consacraient, dans l'enceinte même du collége, au soulagement des pauvres blessés du siége de Paris (2), dévouement d'autant plus méritoire que l'École d'Arcueil, située aux avant-postes de l'armée française, était perpétuellement sous le feu des canons allemands. Son ambulance, qui fut créée vers le

(1) Les PP. Baudrand, Barral et Reynier.
(2) Environ quinze cents blessés ou malades furent reçus et soignés dans l'ambulance de l'Ecole Albert-le-Grand.

10 septembre et devint dès lors le siége d'un comité local dans lequel entrèrent M. Eugène Lavenant, maire, et M. Durand, curé d'Arcueil, donna pendant deux mois et demi une hospitalité fraternelle à la huitième ambulance internationale, qui avait pour aumônier le P. Anatole de Bengy, jésuite, frappé lui aussi par les massacreurs de mai.

Pendant tout ce temps, les deux Sociétés rivalisèrent de sollicitude, d'intrépidité, de témérité quelquefois; M. Durand, curé d'Arcueil, M. le docteur Durand, M. Octave Mopinot, M. Chambarlhac, et le P. Rousselin, firent preuve d'un dévouement sans bornes. C'est alors que M. le comte de Dampierre, commandant du 3e bataillon des mobiles de l'Aube, frappé le 13 octobre au combat de Bagneux, vint mourir à Arcueil entre les bras du P. Houlès. Alors aussi le P. Cotrault, chargé de l'administration matérielle, déploya les qualités éminentes dont il était doué, faisant trève quelquefois aux soucis d'un approvisionnement toujours difficile pour aller ramasser les blessés sous le feu de l'ennemi.

Ce feu s'éteignit enfin, et la paix fut annoncée (1). Tout aussitôt l'Ecole rouvrit ses portes : mais les cours commençaient à peine quand éclata la guerre civile. Placé entre le fort de Montrouge, le fort de Bicêtre et la redoute des Hautes-Bruyères, Arcueil se trouvait nécessairement enfermé dans les lignes de la Commune de

(1) Quelques-uns des religieux en profitèrent pour faire une courte absence. Plusieurs furent surpris par les événements de Paris et ne purent revenir à leur poste. C'est ainsi que le P. Houlès, le P. Baudrand et quelques autres échappèrent à la mort.

Paris. Au lieu d'abandonner leur maison, les Pères résolurent de continuer plutôt leurs fonctions d'ambulanciers ; ils relevèrent au fronton de leur collége le drapeau de la Convention de Genève, et avec le secours des maîtres auxiliaires que la paix avait réunis autour d'eux, ils recommencèrent à parcourir les champs de bataille du sud de Paris pour recueillir les blessés et donner la sépulture aux morts. A l'intérieur de l'école, les pauvres soldats, réguliers ou fédérés, étaient soignés par la main charitable des sœurs de Sainte-Marthe.

Dans les premiers temps, ces efforts d'abnégation furent respectés par les gens de la Commune. Les moins égarés d'entre eux se plaisaient à être soignés et accueillis par les dominicains d'Arcueil. Plusieurs perquisitions eurent lieu néanmoins, pendant lesquelles la maison fut fouillée de fond en comble, sans qu'on y trouvât autre chose que les insignes témoignages d'une charité que rien ne décourageait. On continua, avec d'autant plus d'ardeur, à relever les blessés sur le champ de bataille, et l'on attendit patiemment le triomphe de la justice et de la liberté. Nombre de bataillons de la garde nationale, entrèrent ainsi en relations avec l'Ecole. Plusieurs montrèrent de la reconnaissance et quelque sympathie. D'autres, loin de se montrer bienveillants, semblaient pardonner à peine les actes de charité dont ils étaient l'objet. Plus d'une fois les pauvres religieux durent essuyer des bordées de blasphèmes, ou bien écouter des forfanteries d'impiété comme celles de ce sieur Cerisier, colonel de la 13ᵉ légion, qui se vantait « de ne

croire ni à Dieu ni aux hommes, et d'avoir
été déjà trois fois condamné à mort.» Il faut
dire qu'on ne se troublait guère vis-à-vis
de tels interlocuteurs. Chacun accomplis-
sait paisiblement sa tâche habituelle. Le
P. Bourard, mettait la dernière main à un
vaste *Traité des Anges*, où il avait entrepris de résumer la doctrine de saint Thomas sur cette difficile question. Quant au
P. Captier, il avait commencé pendant le
premier siége une série de *Lettres sur la
vie réligieuse*, et il tenait à les terminer
avant la rentrée des élèves. La série devait se composer de cinq lettres : quatre
ont été écrites en entier; la cinquième, à
peine ébauchée, a été interrompue par un
témoignage plus éloquent que toutes les
exhortations.

II

L'ARRESTATION

Le 17 mai, plusieurs événements eurent lieu qui émurent et inquiétèrent les insurgés. A l'avenue Rapp, c'est-à-dire dans l'enceinte de Paris et à six kilomètres au moins d'Arcueil, une capsulerie faisait explosion. Dans le val de la Bièvre, divers postes avaient été enlevés à la baïonnette et sans bruit. Enfin, à quelques pas de l'Ecole, le château de M. le marquis de Laplace, transformé en caserne et occupé par les fédérés, avait été incendié. On voulut absolument que la communauté d'Arcueil fût pour quelque chose dans ces faits si dissemblables ; il n'en fallait pas davantage aux fédérés pour décider une arrestation.

Le vendredi 19 mai, entre quatre et cinq heures du soir, l'école d'Arcueil, renfermant vingt blessés recueillis la nuit précédente sur le champ de bataille, reçut la visite des citoyens Léo Meillet et Lucy Piat, délégués de la Commune de Paris, et revêtus de l'écharpe rouge ; Thaller, prussien, sous-gouverneur du fort de Bicêtre, et Cerisier, dont nous avons déjà parlé. Pendant que ces citoyens entraient victorieusement par la porte principale, le 101ᵉ et le 120ᵉ bataillons cernaient la propriété en enfonçant les clôtures, et pénétraient par toutes les issues, laissant des sentinelles de distance en distance, avec la consigne de passer par les armes quiconque tenterait de sortir.

Sur l'ordre de Léo Meillet, le P. Captier dut comparaître. On lui présenta un mandat de la Commune n'alléguant ni plainte ni motif légal, mais signifiant à tous les membres de la communauté, depuis le prieur jusqu'à la dernière des servantes de la cuisine, d'avoir à se mettre à la disposition des délégués. Une demi-heure fut accordée pour les préparatifs indispensables. Et comme on sonnait la cloche afin de réunir les personnes de la maison (1), Lucy Pial, prenant ce son de cloche pour un signal suspect, parlait déjà de fusiller l'enfant coupable d'un si grand crime. Cependant, un à un, les religieux, les professeurs auxiliaires, les

(1) Voir à la fin du volume la liste de toutes les personnes arrêtées le 19 mai à l'école d'Arcueil.

sœurs, les domestiques et les sept ou huit
élèves restés dans la maison s'étaient réunis autour du P. Captier. Lorsque fut
donné le signal du départ, tous se mirent
à genoux, les yeux pleins de larmes, et
lui demandèrent sa bénédiction. « Mes
« enfants, leur dit-il, vous voyez ce qui
« se passe ; sans doute on vous interro-
« gera : soyez francs et sincères comme
« si vous parliez à vos parents. Rappelez-
« vous ce qu'ils vous ont recommandé en
« vous confiant à nous, et, quoi qu'il
« arrive, souvenez-vous que vous avez à
« devenir des hommes capables de vivre
« et de mourir en Français et en Chré-
« tiens. Adieu : que la bénédiction du
« Père, du Fils et du Saint-Esprit des-
« cende sur vous et y demeure toujours,
« toujours ! »

Alors s'organisa le voyage fatal. Les

voitures de l'école ayant été mises en réquisition, on y entassa d'abord les religieuses et les femmes au service de la maison, en leur interdisant, sous peine d'être fusillées, toute parole, tout geste, tout signe d'adieu. Elles furent dirigées d'abord sur la Conciergerie, puis sur la prison de Saint-Lazare. L'arrivée des troupes de Versailles leur rendit la liberté dès le mardi suivant, avant que les malfaiteurs qui les gardaient au nom de la Commune eussent pu mettre à exécution les menaces odieuses dont elles furent l'objet pendant quatre jours. Les élèves devaient également être emmenés; mais, grâce au peu d'entente des chefs fédérés, on sursit à leur arrestation (1).

(1) Voici les noms des élèves qui se trouvaient alors à l'école : Jacques de la Perrière, François Robillard, Frédéric Kiéner, Georges Anchier, Louis Mothon,

Lorsqu'il ne resta plus que les Pères, les professeurs et les domestiques, on les fit descendre dans la première cour, où ils furent entourés par les hommes des 101ᵉ

Gabriel Abadie, Georges Charaudeau, Firmin Boussard, Augustin Revel, Charles Revel, Adolphe Guis.

« J'ai bien reçu l'ordre de vous conduire à l'Hôel de Ville, lour dit le commandant Quesnot, mais es ordres de la Commune sont élastiques. » M. Jacques de la Perrière, l'aîné et le chef de ce troupeau abandonné, en prit aussitôt la conduite avec une intelligence et un dévouement au-dessus de tout éloge. Il obtint du commandant de se retirer avec ses condisciples dans un bâtiment séparé du collége, désormais occupé par les fédérés, et d'y emporter quelques objets précieux qui furent ainsi sauvés du pillage. Dans les derniers jours, grâce au même commandant Quesnot, les pauvres enfants purent s'échapper sans bruit et trouvèrent un asile chez quelques personnes amies de l'école.

Le 25 mai seulement, la maison étant évacuée, ils purent y rentrer sous la protection des troupes de Versailles ; ils y furent retrouvés par le P. Rousselin qui arriva le même soir.

et **120ᵉ** bataillons. La porte s'ouvrit, et le cortége se mit en route pour le fort de Bicêtre, situé à trois kilomètres de l'école. On traversa d'abord les rues d'Arcueil. La population regardait en silence, mais toute sa sympathie était pour les prisonniers. « Quand ils sont passés devant notre porte, disait une pauvre femme, et que j'ai vu marcher au milieu des fusils le P. Captier et tous ces messieurs qui nous faisaient tant de bien, j'ai pensé que c'était Jésus-Christ avec ses disciples, s'en allant à Jérusalem pour y être crucifié. » A Gentilly, qu'il fallut traverser ensuite, les sentiments n'étaient plus les mêmes, et les prisonniers durent subir toutes sortes de paroles outrageantes.

Il était sept heures du soir quand la colonne arriva au fort de Bicêtre. Les captifs furent enfermés d'abord dans une cham-

bre-étroite, où ils durent attendre, au milieu des insultes les plus grossières, leur
tour de comparaître devant le gouverneur
du fort pour les formalités de l'écrou.
Elles durèrent longtemps, à cause du
nombre. Chacun subissait un semblant
d'interrogatoire où il n'était question d'au-
cun crime, délit ou chef d'accusation
quelconque, puis il était fouillé, dépouillé
de tout ce qu'il portait sur lui (les bréviaires mêmes furent enlevés aux religieux) et conduit dans la casemate n° 10,
qui regarde la porte du fort. Il était
près de minuit quand on y déposa le P.
Captier et les autres religieux. Groupe par
groupe, leurs compagnons arrivèrent :
vers deux heures du matin la porte se
referma sur les derniers. Elle ne devait
plus se rouvrir pour eux qu'au moment
de marcher à la mort.

Cette première nuit fut extrêmement dûre : la casemate renfermait à peine quelques restes de paille humide et hachée déjà par le séjour des soldats-citoyens, et chacun dut chercher à tâtons une place libre sur le sol nu. Le jour étant arrivé, on tâcha de rendre moins incommode ce lamentable réduit. A force de réclamations, on obtint quelques bottes de paille fraîche, et après quelques jours les bréviaires furent rendus aux religieux. Le P'. Captier ayant pu obtenir du papier et un crayon, entra en relations avec le gouverneur du fort. Il obtint ainsi la mise en liberté de deux enfants, Émile Delaître et Paul Lair, incarcérés avec les autres serviteurs de l'école. Ce qu'il obtint plus difficilement, ce fut la faveur d'un sérieux interrogatoire ; car les vingt-cinq prisonniers ignoraient absolument la cause de leur arrestation. Quelque chose fut accordé cependant : le dimanche, dans l'après-midi, le P. Captier et le P. Cotrault furent amenés devant le citoyen Lucy Piat, qui, après une conversation assez longue, leur déclara qu'ils n'étaient ni accusés, ni prévenus, ni même prisonniers, mais seulement retenus en qualité de témoins. En cela il leur disait sans le savoir une parole prophétique, car Dieu les avait marqués pour rendre à son nom le témoignage suprême du sang versé.

On espérait que les interrogatoires continueraient le lendemain lundi, mais il n'en fut rien. Au contraire, à partir de ce moment, les chefs du fort cessèrent leurs relations avec les prisonniers. Il est probable qu'en s'abstenant ainsi ils cédaient à la pression de leurs hommes, car pendant que les officiers conservaient vis-à-vis des Pères un semblant de politesse, leurs suborbonnés renouvelaient à toute heure leurs outrages et cherchaient à les rendre de plus en plus grossiers. A chaque instant on voyait paraître aux fenêtres de la casemate des hommes avinés et des créatures infâmes : ils regardaient les prisonniers, puis leur jetaient à la face des épithètes impossibles à reproduire, ou bien lisaient avec affectation les articles les plus éhontés des journaux de la Commune. Un jour ils aperçurent le sous-gouverneur du fort, qui, la casquette à la main, réintégrait le P. Captier dans sa prison après une sorte d'interrogatoire. Cet acte de respect exaspéra les fédérés : il y eut comme un émeute à la casemate ; à partir de ce moment, les vivres que les prisonniers recevaient furent pillés et supprimés en route, de telle sorte que pendant deux jours on leur refusa jusqu'à un verre d'eau.

Le mercredi 24, on fit une exécution dans la cour du fort, sous leurs yeux : il y eut à ce propos un redoublement de menaces et d'allusions cruelles. Ce jour-là, M. l'abbé Féron, aumônier de l'hospice de Bicêtre, vint trouver le gouverneur du fort et le supplia de lui confier à lui-même les membres de la communauté d'Arcueil, déclarant qu'il en répondait sur sa tête jusqu'à ce qu'ils pussent être jugés. Ce généreux effort devait être inutile ; d'ailleurs la Commune avait déjà tout réglé : l'école était vouée au pillage et à l'incendie (1) ; quant aux personnes, elles appar-

(1) Le pillage eut lieu en effet le 23 mai : une vingtaine de voitures furent mises en réquisition dans le village d'Arcueil et durent prendre le chemin de Bicêtre chargées de tout le mobilier que l'on

tenaient, disait-on, au général Wrobleski
ou, pour mieux dire, au citoyen Cerisier
et à ses hommes qui en disposeraient à
leur gré.

Quelles étaient, pendant cette longue
semaine d'agonie, les pensées de nos prisonniers? Leurs compagnons de captivité
nous racontent qu'une douce gaieté ne
cessa de régner dans ce triste cachot. Ex-
cepté quelques serviteurs mariés et pères
de famille dont l'attitude était plus som-
bre et l'air plus accablé, tous continuaient
leur vie ordinaire, non par oubli ou par
mépris de la mort, mais parce qu'ils
avaient fait à Dieu, pour la France, le sa-

put trouver dans l'école. Quant à l'incendie, les ordres étaient donnés et les mesures étaient prises,
mais l'armée de Versailles possédait déjà les forts
les plus voisins et il fallut abandonner ce sinistre
projet.

crifice de leur vie. Les Religieux multi-
pliaient leurs prières habituelles ; ils s'en-
courageaient l'un l'autre et exhortaient
leurs compagnons. Chaque soir on disait
le chapelet en commun, et l'on ajoutait
aux formules ordinaires un souvenir pour
les frères absents. Quelquefois le P. Captier, brisé par les privations et accablé
d'inquiétudes, voilait sa tête dans un pan
de son manteau. On se taisait alors autour
de lui par respect pour cette méditation
silencieuse, et tous s'associaient du fond
de leur cœur à la prière offerte à Dieu par
un tel homme pour ses frères et pour ses
enfants. D'autres fois, il se soulevait de
sa couche de paille pour adresser à ceux
dont il était le chef des paroles de vie et
de salut. Du dehors les fédérés assistaient
et insultaient à ces actes de religion. Un
matin que l'horizon était en flammes du

côté de Paris, le P. Captier disait son
bréviaire en marchant à grands pas :
« Oui, priez Dieu, lui cria-t-on d'une voix
ironique à travers la fenêtre, afin que les
torpilles dont la ville est remplie ne fas-
sent pas explosion. — Je le fais, » répon-
dit-il paisiblement et tristement, puis,
ayant achevé son bréviaire, il demanda à
ses compagnons de prier avec lui, et leur
lut le chapitre du livre de l'*Imitation*, où
il est parlé *du mépris des injures*.

III

LE MARTYR

Le jeudi 25 mai, au point du jour, on remarqua dans le fort un mouvement extraordinaire; on enlevait et on enclouait les canons; les clairons sonnaient longuement le signal de l'assemblée. A un certain moment les prisonniers purent croire que tout le fort était évacué et qu'il leur suffisait, pour être sauvés, d'attendre patiemment l'arrivée des troupes de Versailles. Mais l'espérance ne fut pas de longue durée : une troupe armée se présenta tout émue à la porte de la casemate. Comme les clefs manquaient, on se fit jour à coups de crosse et l'on intima aux captifs l'ordre de partir immédiatement avec la colonne qui rentrait dans Paris : « Vous êtes libres, leur dit-on, seulement nous ne pouvons vous laisser entre les mains des Versaillais : il faut nous suivre à la mairie des Gobelins; ensuite vous irez dans Paris où bon vous semblera. »

Le trajet fut long et pénible, des menaces de mort étaient proférées à tout instant : les femmes surtout se montraient furieuses et avides de voir mourir ces hommes couverts d'un vêtement sacré. On descendit vers la porte d'Ivry; sur le chemin, quelques coups de fusil tirés de Bicêtre occasionnèrent un certain trouble, dont le P. Rousselin profita pour s'échapper et retourner à Arcueil (1). Les autres durent continuer leur route vers Paris. Arrivés à la mairie des Gobelins, au milieu des cris de mort de la foule affolée par le voisinage de l'armée régulière, ils parlent en vain de la liberté qu'on leur avait promise. « Les rues, dit-on, ne sont pas sûres ; vous seriez massacrés par le peuple, restez ici. » On les introduit et on les fait asseoir à terre dans la cour de la mairie, où pleuvent les obus, et où les fédérés apportent les cadavres de leurs victimes, afin de montrer à ces « canailles » de quelle manière la Commune traite ses ennemis. Au bout d'une demi-heure, un

(1) Le P. Rousselin qui avait laissé croître sa barbe pendant le siége, portait de plus, lors de l'arrestation, quelques vêtements laïques sous son habit religieux. Avec ces apparences insolites et beaucoup de sang froid, il put passer inaperçu parmi les fédérés et rejoindre bientôt les troupes régulières.

officier arrive et les mène à la prison disciplinaire du neuvième secteur, avenue d'Italie, nº 38. En y entrant, les captifs d'Arcueil reconnaissent le 101ᵉ bataillon et le citoyen Cerisier, c'est-à-dire les mêmes hommes qui avaient opéré leur arrestation. Il est alors dix heures du matin. Vers deux heures et demie, un homme en chemise rouge ouvre brusquement la porte de la salle. « Soutanes, dit-il, levez-vous, on va vous mener à la barricade (1). »

(1) Voici, avec son orthographe, le texte de l'ordre laissé par cet homme au greffe de la prison disciplinaire :

« Je soussigné delegue comme gardien chef par le Colonel Cerisier a la maison disciplinaire de la 13ᵉ Légion prend sur moi responsabilité d'envoyer pour travailler aux barricades d'après les ordres que j'en ai reçus les vingt prisonniers écroués sous les nᵒˢ 98, 99, 100, 101, 102, 103, 104, 105,

Les Pères sortent en effet avec M. l'abbé Grancolas et les autres, et sont conduits vers la barricade élevée devant la mairie des Gobelins. Là on offre aux religieux des fusils pour combattre. « Nous sommes prêtres, disent-ils, et de plus nous sommes neutralisés par notre qualité d'ambulanciers : nous ne prendrons pas les armes. Tout ce que nous pouvons faire, c'est de soigner vos blessés et de relever vos morts. — Vous le promettez, demanda l'officier de la Commune. — Nous le promettons. » A cette parole, on reprend le chemin de la prison disciplinaire, avec

106, 107, 108, 109, 110, 111, 112, 113, 114, 115, 116.

Paris, le 25 mai 1871.

BOIN.

(Cachet de la prison)

une escorte de fédérés et de femmes armées de fusils.

Enfermés de nouveau et menacés de toutes parts, les prisonniers ne songent plus qu'à se préparer au passage suprême. Tous se mettent à genoux pour offrir une dernière fois le sacrifice de leur vie, tous se confessent et reçoivent l'absolution. Ils n'auront pas la dernière consolation du chrétien mourant, celle de recevoir le divin viatique. Dieu n'a pas jugé que cette grâce leur soit nécessaire : d'ailleurs entre leur prison et le ciel le trajet sera si court !

A quatre heures et demie environ, nouvel ordre du citoyen Cerisier. Tous les prisonniers sortent et défilent dans l'impasse qui précède la prison, pendant que les fédérés du 101e bataillon chargent leurs armes avec un bruit trop significatif. Déjà tout le monde est à son poste : des pelotons sont placés à toutes les issues des rues voisines. Sur l'avenue, diton, le colonel de la 13ᵉ légion est assis dans une voiture avec une femme à son côté : c'est ainsi qu'il préside aux hautes œuvres de la Commune de Paris. Alors retentit le commandemant : « Sortez un à un dans la rue ! » Le P. Captier se retourne à demi vers ses compagnons : « Allons, dit-il, mes amis, POUR LE BON DIEU ! »

Aussitôt le massacre commence. Le P. Cotrault sort le premier et tombe frappé mortellement. Le P. Captier est atteint d'une balle qui lui brise la jambe, et va tomber, transpercé d'une autre balle, à plus de cent mètres, vers le lieu où en 1848 les insurgés de Juin fusillèrent le général Bréa. Le P. Bourard aussi, après avoir été atteint, peut faire quelques pas dans la même direction, puis il s'affaisse sous une seconde décharge. Les PP. Delhorme et Chatagneret tombent foudroyés. M. Gauquelin tombe avec eux. M. Voland et cinq domestiques (1), sortis de l'impasse à la suite des Pères, ont le temps de traverser l'avenue d'Italie, mais ils sont frappés à mort avant d'avoir trouvé un refuge.

Les autres prisonniers parviennent à s'échapper (2). M. l'abbé Grancolas, à

(1) Aimé Gros, Marce, Cheminal, Dintroz et Cathala.

(2) Jusqu'à ce jour on n'a pu connaître d'une manière absolument certaine le sort de M. Petit. Tout porte à croire qu'il a pu échapper aux premiers coups de feu, mais qu'il a été repris par les fédérés et fusillé par eux sur une barricade. C'est de lui selon toute apparence que M. l'abbé Lesmayoux parle dans la lettre adressée à l'*Univers*.

peine touché par les balles, entre dans une maison où une femme lui jette les vêtements de son mari. M. Rézillot n'est atteint que d'une manière insignifiante. MM. Bertrand (Edouard), Gauvin, Delaitre, Brouho, Duché, parviennent à se mettre à l'abri dans les maisons ou les caves voisines, puis dans les rangs des soldats de l'ordre.

Cependant le massacre accompli ne suffit pas à la fureur des assassins : on se précipite sur les cadavres, on les découvre pour les insulter d'une manière plus odieuse ; à coups de baïonnette et de hache on brise les membres et les crânes ensanglantés. Les soldats du 113e régiment, qui entrent en vainqueurs après avoir franchi les barricades, reconnaissent ces morts glorieux, ils se penchent vers leurs cadavres, s'emparent des

rosaires qui pendent à leur ceinture et se
les partagent, grain à grain, comme de
saintes reliques. Hélas! eux passés, les
profanations recommencent, et pendant
plus de quinze heures les cadavres des
martyrs restent exposés à tous les outrages imaginables.

Le lendemain matin, un prêtre du quar-
tier, M. l'abbé Guillemette, les trouva sur
sa route, et comme ils étaient couverts d'un
habit religieux, il s'informa des circonstances de l'assassinat. Aussitôt il fit recueillir ces saintes victimes, qui furent
transportées toutes ensemble dans la maison des Frères de la rue du Moulin-des-
Prés. Là, M. J. d'Arsac, professeur d'Arcueil, accompagné de M. Rézillot, de
M. l'abbé Delarc, aumônier de l'hospice
Cochin, et d'un jeune ambulancier,
M. Barally, vint reconnaître les corps, les

marquer chacun de leur nom et réclamer
pour eux le respect dû aux martyrs des
saintes causes. C'est à lui que nous devons
les détails qui nous restent sur leur phy-
sionomie telle que le martyre l'avait faite.
Le P. Captier portait deux traces de
coups de feu : l'une énorme, à la jambe
gauche, l'autre, plus petite, près du
cœur. Ses yeux étaient encore ouverts,
ses mains étendues, sa figure calme, bien
que couverte de sang : on eût dit qu'il al-
lait encore parler. Le P. Bourard avait les
yeux fermés et la bouche ouverte. Lui
aussi avait reçu deux coups de feu, l'un
sous l'œil gauche, l'autre en pleine poi-
trine. Le P. Cotrault, frappé à la gorge
et au sein droit, avait une figure paisible
et rayonnante : on eût dit un ange en-
dormi. Le P. Delhorme gardait une figure
douce et calme avec des yeux à peine

entr'ouverts. Il portait près du cœur une plaie effrayante et sa robe blanche était couverte de sang. Le P. Chatagneret avait le crâne brisé et le corps couvert de blessures, ayant reçu plus de dix balles et subi spécialement, parce qu'il était le plus jeune, la fureur des assassins (1).

Cependant M. Durand, curé d'Arcueil, et M. Lavenant, maire, étaient avertis de la mort des dominicains, leurs amis et leurs compagnons à l'heure du danger. Il vinrent ensemble demander les restes des suppliciés de la veille et les rapportèrent à Arcueil. On eût voulu les enterrer dans l'enceinte de l'école, où le P. Rousselin les attendait avec Jacques de La Perrière et les élèves demeurés fidèles à leur chère maison. Mais il eût fallu remplir de lon-

(1) *La guerre civile et la commune de Paris en 1871*, par J. d'Arsac, Paris, F. Curot, éditeur, 1871.

gues formalités, et les corps étaient tellement broyés qu'on n'avait pas même le temps de leur faire des cercueils.

L'humble char qui les renfermait, suivi d'une foule frémissante de douleur, fut conduit au cimetière commun. Là, dans une même fosse, ils furent déposés l'un près de l'autre, ayant pour tout linceul leurs vêtements ensanglantés.

Cette tombe sans gloire ne doit pas être le dernier asile des martyrs d'Arcueil. Le P. Captier et ses compagnons reposeront sous les ombrages de l'école que leur travail a fondée et que leur sang rend désormais illustre. Non-seulement les religieux qui furent les frères des victimes et les élèves qui furent leurs enfants, mais tous ceux qui ont souci de la Religion et de la Patrie, viendront prier sur leur sépulcre et méditer les enseignements de leur mort.

ÉPILOGUE

En attendant leur dernier tombeau, cet
humble mausolée qui, plus tard, si Dieu
le permet, se transformera en autel, les
douze victimes sont là, tout près de nous,
entourées de leurs enfants et de leurs
frères. Au milieu du silence respectueux
qui les environne, on entend quelquefois
des gémissements inquiets : car aujour-
d'hui comme au temps de David beaucoup se demandent : *Quis ostendit nobis
bona ?* Ce fut un grand, un glorieux sacrifice, mais quel en sera le fruit ? Que va
devenir cette maison d'Arcueil privée de

celui qui en était le fondateur et la vie ?
Que va devenir cette famille religieuse,
si près de son berceau et déjà si cruellement frappée ?

A Jésus-Christ seul, maître de la vie et
de la mort, il appartient de résoudre de
tels problèmes. Du reste, il a répondu
déjà au commencement de son Evangile :

Bienheureux, dit-il, *les pauvres en esprit*,
c'est-à-dire ceux qui, pouvant jouir des
biens du monde, y ont renoncé pour se
mettre au service de leurs frères !

Bienheureux les doux, c'est-à-dire ceux
qui ayant été jetés au milieu des guerres
et des discordes, n'ont combattu qu'avec
les armes de la charité !

Bienheureux ceux qui pleurent et dont les
larmes sont dignes de monter vers Dieu
comme une prière pour leur pays !

Bienheureux ceux qui ont faim et soif de

la justice et dont les efforts, les élans, les travaux n'ont d'autre but que le triomphe sur la terre de la vérité et de l'amour !

Bienheureux les miséricordieux, ceux qui consacrent leurs jours, leurs nuits, leurs ressources et leurs forces à soulager leurs frères malades et affligés !

Bienheureux les cœurs purs, c'est-à-dire les chastes qui ne recherchent point les plaisirs d'ici-bas, et qui donnent leur amour et leur vie pour plaire à Dieu seul !

Bienheureux les pacifiques, ceux qui au temps des divisions et des ruines, lorsque la gloire consisterait à vaincre, se dévouent obscurément aux œuvres qui adoucissent et rapprochent les cœurs !

Bienheureux ceux qui souffrent persécution pour la justice, c'est-à-dire ceux qui sont poursuivis et frappés uniquement pour avoir fait le bien !

Ainsi parle Notre-Seigneur Jésus-Christ, et quand il a assigné à chacun de ces sacrifices volontaires une récompense digne du fils de Dieu, il ajoute solennellement, comme s'il voulait résumer en quelques mots cette doctrine surhumaine :

Vous serez bienheureux quand on vous maudira, quand on vous persécutera, quand on élevera contre vous toutes sortes d'accusations mensongères à cause de moi; réjouissez-vous alors et soyez dans l'allégresse, parce que votre récompense est grande dans le ciel!

A cause de cette parole qui fut prononcée sur la montagne, et qui fut sans doute redite dans le ciel à nos pères et à nos amis, nous abordons sans terreur un avenir plein d'obscurités et d'écueils. Il nous semble qu'un contrat existe entre Dieu et notre œuvre, signé en son nom avec le sang du Calvaire, en notre nom avec le sang de nos frères massacrés pour la foi. Il nous semble que le Tiers-Ordre-Enseignant à qui il a été donné de recueillir en moins de dix ans le dernier soupir d'un sublime apôtre et les dépouilles de douze martyrs, a reçu une mission vis-à-vis de ce siècle, dont il représente si bien les aspirations, les efforts, les impuissances et les douleurs. Il nous semble que cette école Albert-le-Grand fondée avec tant de labeurs et consacrée par un sang si précieux doit être prédestinée à quelque chose de grand, et que si la liberté de l'enseignement chrétien peut enfin trouver un sanctuaire inviolable, ce doit être surtout ici, entre les souvenirs du P. Lacordaire et la tombe du P. Captier.

Telles sont les pensées de ceux qui survivent aux martyrs d'Arcueil. Leur seule crainte est de ne pas suivre assez saintement la trace glorieuse de leurs frères ; et tandis que leurs amis du dehors demandent pour eux au ciel des succès et des prospérités, eux prient surtout pour que Dieu leur accorde des vertus pures comme leurs souvenirs et grandes comme leurs espérances.

LISTE

DES PERSONNES ARRÊTÉES

DANS L'ÉCOLE ALBERT-LE-GRAND, A ARCUEIL

Le 19 mai 1871.

T. R. P. CAPTIER, François-Eugène, en religion Frère Louis-Raphaël, né à Tarare (Rhône), prêtre, premier assistant du Tiers-Ordre Enseignant de Saint-Dominique, fondateur et prieur de l'école Albert-le-Grand, à Arcueil, 41 ans, massacré.

R. P. BOURARD, Louis-Ferdinand, en religion Frère Thomas, né à Paris, prêtre, profès de l'Ordre des Frères-Prêcheurs, lecteur en théologie, aumônier de l'école, 53 ans, massacré.

R. P. DELHORME, Eugène, en religion Frère Constant, né à Lyon (Rhône), prêtre, profès du Tiers-Ordre Enseignant de Saint-Dominique, régent des études, 39 ans, massacré.

R. P. COTRAULT, Joseph, en religion Frère Henry, né à Saint-Amand (Cher), prêtre, profès du Tiers-Ordre Enseignant de Saint-Dominique, procureur de l'école, 30 ans, massacré.

R. F. CHATAGNERET, Gabriel, en religion Pie Marie, né à Firming (Loire), sous-diacre, profès du Tiers-Ordre Enseignant de Saint-Dominique, professeur de l'école, 28 ans, massacré.

MM. GAUQUELIN, Louis, officier marinier, né à Cherbourg (Manche) marié à Marie Pasquier, sous-économe de l'école, 38 ans, massacré.

VOLAND, François, né à Orgelet (Doubs), célibataire, maître auxiliaire, 40 ans, massacré.

MM. Gros, Aimé, né à la Côte-Saint-André (Isère), célibataire, serviteur de l'école, 35 ans, massacré.

Marce, Antoine, né à Amblaise (Drôme), marié à Angélique Chanard, serviteur de l'école, 40 ans, massacré.

Cathala, Théodore, né à Rouvenac (Aude), marié à Marguerite Lugat, tailleur employé à l'école, 40 ans, massacré.

Dintroz, François, né dans le Jura, célibataire, serviteur de l'école, 40 ans, massacré.

Cheminal, Joseph, né à Ville-en-Sala (Haute-Savoie), célibataire, 50 ans, massacré.

Petit, Germain, né à Saint-Vincent (Isère), commis d'économat, 21 ans, massacré très-probablement, mais plus tard et plus loin que les autres; jusqu'à présent, on n'a pu reconnaître ni recueillir ses restes.

R. P. ROUSSELIN, Antoine, en religion Frère Marcolin, né à Metz, prêtre, profès du Tiers-Ordre Enseignant de Saint-Dominique, censeur de l'école, a pu s'échapper pendant le transfert des prisonniers du fort de Bicêtre à Paris.

MM. GRANCOLAS, Joseph, 44 ans, prêtre du diocèse de Saint-Dié, professeur à l'école, échappé au massacre.

BERTRAND, Edouard, né à Ramerupt (Aube), 49 ans, célibataire, sous-censeur de l'école, échappé au massacre.

RÉZILLOT, Jean-Baptiste, né à Saulles (Haute-Marne), 28 ans, célibataire, professeur de l'école, échappé au massacre.

GAUVAIN, Edouard, né à Barneville (Manche), 52 ans, célibataire, employé à l'école, échappé au massacre.

DELAITRE, Prosper, né à Lagny (Seine-et-Marne), 54 ans, jardinier de l'école, échappé au massacre.

DUCHÉ, Antoine, né à Riom (Cantal), 31 ans, marié, serviteur de l'école, échappé au massacre.

BROUHO, Simon, né à Cornot (Haute-Saône), 30 ans, célibataire, serviteur de l'école, échappé au massacre.

SCHEPENS, Joseph, né à Grammont (Belgique), 36 ans, marié, concierge de l'école.

BUSSI, Hermenegilde, né à Agnona (Italie), 31 ans, célibataire, menuisier, employé à l'école.

Ces deux derniers ont dû à leur qualité d'étrangers d'être séparés des autres prisonniers et de jouir dans le fort de Bicêtre d'une plus grande liberté, qui leur permit de s'échapper au moment où les fédérés abandonnant le fort emmenaient les autres captifs à Paris.

Delaitre, Emile, né à Lagny (Seine-et-Marne), 12 ans et demi, fils de Prosper Delaître.

Lair, Paul, 13 ans.

Ces deux enfants, arrêtés parce que leurs pères étaient employés au collége, furent élargis après deux jours de captivité sur les instances réitérées du R. P. Captier.

Barbedette, Louis, né à Saint-Martin de Landeller (Manche), 29 ans, a été mis en liberté immédiatement, grâce aux fonctions d'instituteur qu'il exerçait alors dans la commune d'Arcueil.

ONT ÉTÉ CONDUITES A SAINT-LAZARE

La mère Aloysia Ducaux, supérieure des

sœurs de la Sainte-Famille, dites de Sainte-Marthe.

Avec les sœurs :

Elisabeth Poirier.

Louise-Marie Carriquiry.

Louis de Gonzague Dorfin.

Mélanie Gatineaud.

Mmes Angèle Marce, épouse d'Antoine Marce, nommé plus haut, massacré.

Marguerite Cathala , épouse de Théodore Cathala, nommé plus haut, massacré.

Clara Delaître, épouse de Prosper Delaître, nommé plus haut.

Veuve Guégon.

Mlles Gertrude Faas.

Catherine Morvan.

Louise Cathala, âgée de 8 ans.

PARIS. — IMP. VICTOR GOUPY, RUE GARANCIÈRE, 5.